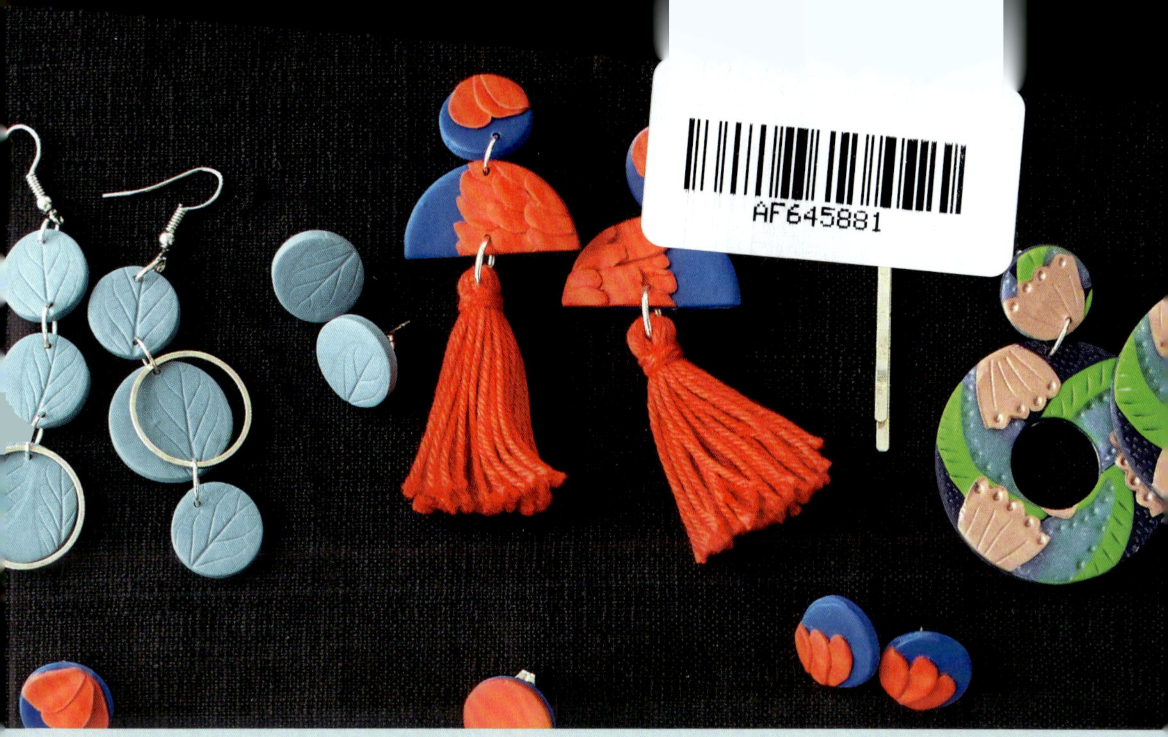

Ob Farben mischen, modellieren, experimentieren oder neue Techniken entdecken – all das bereitet mir große Freude bei der Arbeit mit FIMO®.

In diesem Buch zeige ich, wie Sie Ihre eigenen einzigartigen Statement-Schmuckstücke erstellen können, auf die Sie mit Sicherheit angesprochen werden.

Ich wünsche Ihnen viel Spaß und Erfolg beim Modellieren und Tüfteln sowie Freude beim Sagen: „Die habe ich selbst gemacht".

Arizona Dream

moderne Eyecatcher

MOTIVLÄNGE

- Ohrhänger ca. 8 cm
- Ohrstecker ca. 3 cm

MATERIAL

- FIMO® soft in Delfingrau (80), 2 Rippen
- FIMO® soft in Cognac (76), 1 Rippe
- Schneidemesser mit Schneideunterlage
- FIMO® Schleifschwamm

OHRHÄNGER

- 2 Ohrhaken in Silber
- 2 Biegeringe in Silber, ø 8 mm
- Schmuckzange

OHRSTECKER

- 2 Ohrstecker in Silber
- Schmuckkleber

Ohrhänger

1 Aus FIMO® in beiden Farben gleichmäßige Schnüre mit einem Durchmesser von 5 mm ausrollen. Mithilfe einer Klinge vier 10 cm lange Stücke in Delfingrau und zwei 10 cm lange Stücke in Cognac zuschneiden.

2 Beginnend mit der innen liegenden Schnur in Delfingrau einen Bogen formen. Folgen Sie nacheinander mit den anderen Schnüren diesem Bogen und achten Sie darauf, dass die Schnüre auf beiden Seiten gleich lang sind.

3 Wenn Sie mit dem Ergebnis zufrieden sind, die Schnüre vorsichtig zusammendrücken. Sie sollten aneinander haften, jedoch nicht ihre schöne runde Form verlieren.

4 An der oberen Schnur mittig ein Loch (ø ca. 1 mm) für den Biegering von beiden Seiten durchstechen und die Modelle wie in der Grundanleitung angegeben backen.

5 Nach dem Abkühlen die Kanten und glatten Oberflächen abschleifen. Mithilfe einer Schmuckzange das Modell durch einen Ringe am Ohrhaken verbinden. Mit dem zweiten Ohrring verfahren Sie genau gleich.

Ohrstecker

1 Rollen Sie aus FIMO® in beiden Farben Schnüre mit ø 2–3 mm aus. Vier Schnüre in Delfingrau und zwei Schnüre in Cognac mit jeweils einer Länge von 5 cm abschneiden.

2 Beginnend mit der innen liegenden Schnur einen Bogen formen und mit den anderen Schnüren nacheinander folgen. Die einzelnen Schnüre leicht zusammendrücken, ohne dass die Form verloren geht.

3 Alle Teile backen und nach dem Abkühlen die Kanten und glatten Oberflächen abschleifen.

4 Den Stecker oben mittig aufkleben. Mit dem zweiten Ohrring verfahren Sie genau gleich.

Mein Tipp für Sie

Bei diesen Modellen können Sie mit den Farben und Längen der Schnüre beliebig arbeiten, Ihrer Kreativität sind keine Grenzen gesetzt.

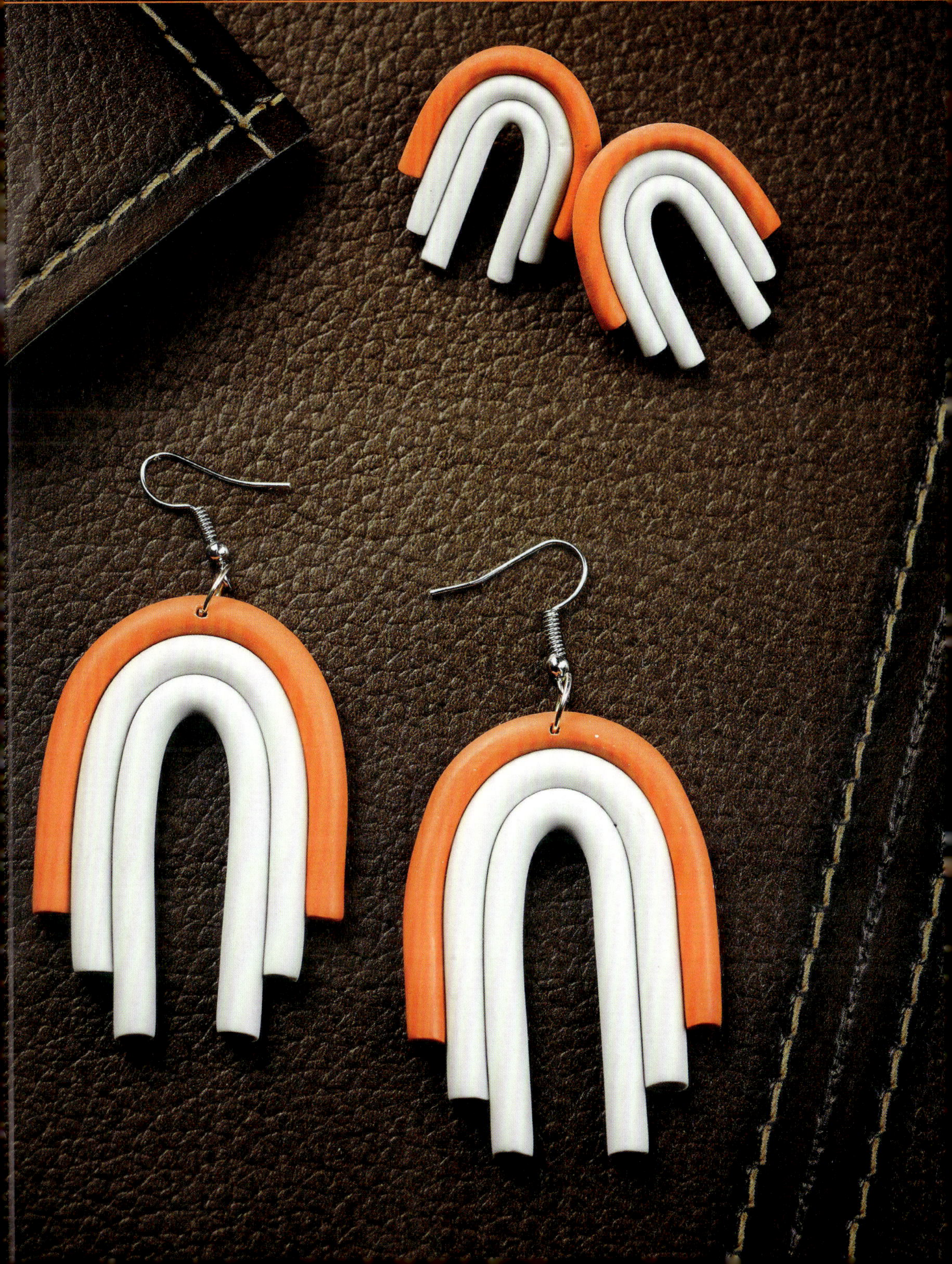

Schnürchen-Blüte

mit Farbverlauf

MOTIVLÄNGE

- Ohrhänger ca. 7,5 cm (mit Ohrhaken)

MATERIAL

- FIMO® soft in Windsorblau (35), 1 Rippe
- FIMO® soft in Brillantblau (33), 1 Rippe
- FIMO® soft in Purpur (61), 1 Rippe
- 2 Ohrhaken in Silber
- 2 Biegeringe in Silber, ø 8 mm
- Schmuckzange
- Schneidemesser mit Schneideunterlage
- FIMO® Schleifschwamm

VORLAGE

Download in der Digitalen Bibliothek

1 Aus FIMO® in allen drei Farben jeweils eine 15 cm lange Schnur ausrollen. Die drei Schnüre übereinanderlegen und durch vor- und zurückrollen auf der Arbeitsfläche ineinander verdrehen. Damit der Strang nicht zu dünn wird und die Farben sich etwas vermischen, schieben Sie die Schnur während des Rollens an einigen Stellen etwas zusammen.

2 Für jede Blüte eine 20 cm lange Schnur mit einem gleichmäßigen Durchmesser von 4-5 mm vorbereiten. Die Enden gerade mit dem Schneidemesser abschneiden, zusammendrücken und unter leichtem Rollen miteinander verbinden, um einen Kreis zu erhalten. Achten Sie darauf, dass die Verbindungsstelle nicht zu dünn wird.

3 Drucken Sie die Blütenvorlage aus und formen Sie die Schnüre entsprechend der Vorlage zu einer Blüte.

4 Stechen Sie auf einer Seite das Loch für die Biegeringe durch und backen Sie beide Blüten für 5 Minuten bei 110 °C vor. Modelle abkühlen lassen, vorsichtig umdrehen und das Loch für die Biegeringe von der Gegenseite durchstechen. Durch das Vorbacken verliert die Blüte beim Anbringen des Loches für die Biegeringe nicht ihre Form. Anschließend die Modelle für die restlichen 25 Minuten backen.

5 Nach dem Abkühlen die Kanten und glatten Oberflächen abschleifen.

6 Die Ohrhaken mithilfe der Schmuckzange und einem Biegering an der Blüte befestigen. Mit dem zweiten Ohrring verfahren Sie genau gleich.

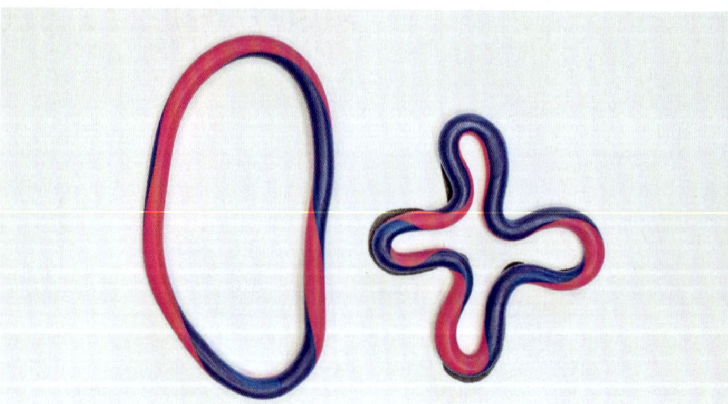

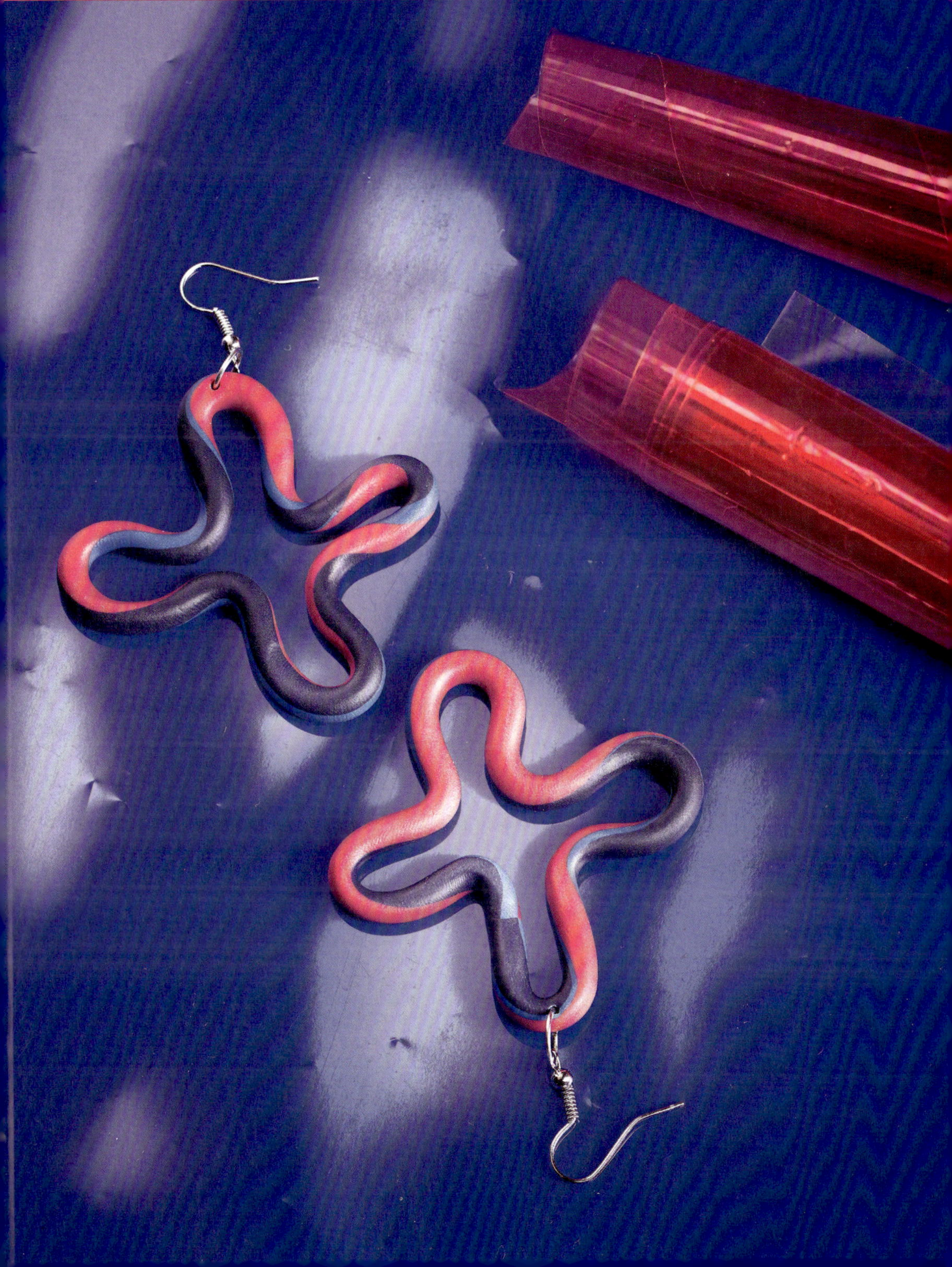

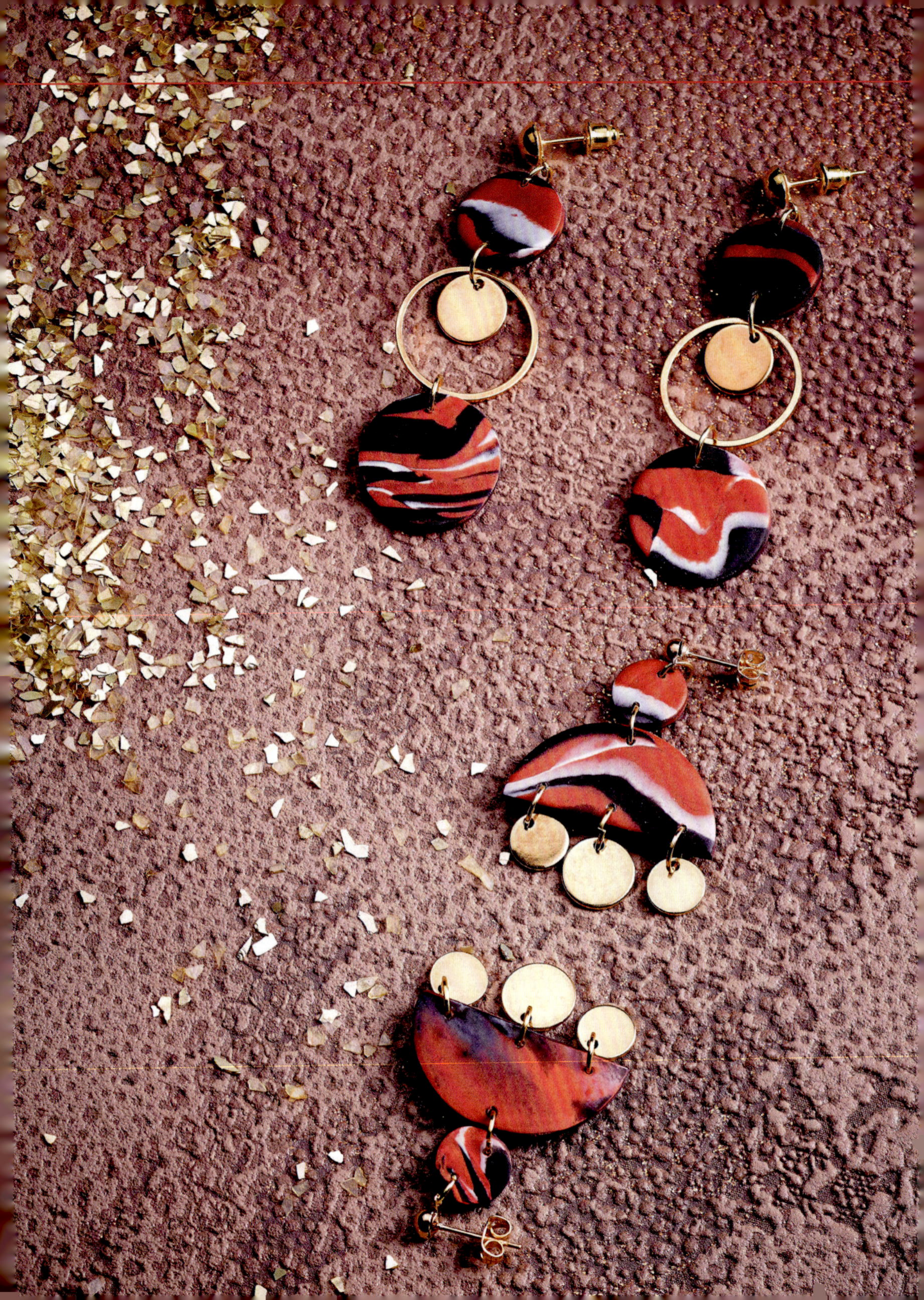

Marble Beautys

elegante Eyecatcher

MOTIVLÄNGE
- Ohrstecker 2-Teilig ca. 4,5 cm
- Ohrstecker 3-Teilig ca. 6,5 cm

MATERIAL
- FIMO® soft in Schwarz (9), 1 Rippe
- FIMO® effect in Metallic Kupfer (27), 1 Rippe
- FIMO® soft in Weiß (0), ½ Rippe
- Schmuckkleber
- Acrylroller oder Clay-Maschine
- Schmuckzange
- Schneidemesser mit Schneideunterlage
- FIMO® Schleifschwamm

OHRSTECKER 2-TEILIG
- 2 Ohrstecker mit Halbkugel und Öse in Gold
- 2 Biegeringe in Gold, ø 5 mm
- 8 Biegeringe in Gold, ø 6 mm
- 4 Metall-Anhänger Scheiben in Gold, ø 8 mm
- 2 Metall-Anhänger Scheiben in Gold, ø 10 mm
- Ausstechform Kreis, ø 1 cm und ø 3 cm

OHRSTECKER 3-TEILIG
- 2 Ohrstecker mit Halbkugel und Öse in Gold
- 2 Biegeringe in Gold, ø 5 mm
- 4 Biegeringe in Gold, ø 7 mm
- 2 Metall-Flachringe in Gold, ø 20 mm
- 2 Metall-Anhänger Scheiben in Gold, ø 10 mm
- Ausstechform Kreis, ø 1,5 cm und ø 2 cm

1 Aus den drei FIMO®-Farben je eine 5 cm lange Schnur rollen. Die Schnüre übereinanderlegen, leicht zusammendrücken und einige Male ineinander verdrehen, während die Schnur auf der Arbeitsplatte vor- und zurückgerollt wird. Die Schnur beliebig ineinander verknoten und zu einer Kugel rollen. Mit dem Acrylroller oder der Clay Maschine eine 2–3 mm starke Platte ausrollen.

2-Teilige Ohrstecker

1 Die ausgerollte Platte auf ein Blatt Papier legen und zwei Kreise mit ø 1 cm und einen Kreis mit ø 3 cm ausstechen. Den großen Kreis mithilfe des Messers in zwei gleich große Teile schneiden. Nun die Löcher für die Biegeringe anbringen. Für die Metall Scheiben an der geraden Seite des Halbkreises ein Loch mittig sowie links und rechts mit jeweils 5 mm Abstand zur Außenkante durchstechen.

2 Nach dem Backen die Teile abkühlen lassen und alle Oberflächen und Kanten abschleifen.

3 Mit dem Biegering ø 5 mm die Verschlüsse an den kleinen Kreis befestigen. Mit den Biegeringen ø 7 mm nun den kleinen Kreis mit dem Halbkreis verbinden. An der Unterseite, die größeren Metallscheibe mittig und die kleinen an der Außenseite mithilfe einer Schmuckzange befestigen. Mit dem zweiten Ohrring verfahren Sie genau gleich.

3-Teilige Ohrstecker

1 Die ausgerollte Platte auf ein Blatt Papier legen und zwei Kreise mit ø 1,5 cm und ø 2 cm ausstechen. Am kleinen Kreis oben und unten ein Loch für die Biegeringe anbringen, der große Kreis erhält ein Loch.

2 Nach dem Backen die Teile abkühlen lassen und alle Oberflächen und Kanten abschleifen.

3 Mit dem Biegering ø 5 mm die Verschlüsse an den oberen kleinen Kreis anbringen. An dem gegenüberliegenden Loch in den Biegering ø 7 mm die Metallscheibe und den Flachring einhängen. Den unteren großen FIMO®-Kreis mit einem Biegering an den Flachring hängen. Mit dem zweiten Ohrring verfahren Sie genau gleich.

Terrazzo Chic

stilvolle Accessoires

MOTIVLÄNGE

- ca. 4 cm

MATERIAL

- FIMO® soft in Weiß (0), 2 Rippen
- FIMO® soft in Windsorblau (35), ½ Rippe
- FIMO® soft in Sahara (50), ½ Rippe
- FIMO® effect in Rosegold Pearl (207), ½ Rippe
- 2 Ohrstecker in Silber
- 2 Biegeringe in Silber, ø 8 mm
- Schmuckkleber
- Ausstechform Kreis, ø 1,5 cm und ø 2,5 cm
- Acrylroller oder Clay-Maschine
- Schmuckzange
- Schneidemesser oder Klinge mit Schneideunterlage
- FIMO® Schleifschwamm

1 Mit FIMO® soft in Weiß eine Platte mit 2–3 mm Stärke ausrollen und diese auf ein Stück Papier legen, um ein Ankleben zu vermeiden. Aus den Farben Windsorblau, Sahara und Rosegold Pearl jeweils eine dünne Platte mit 1–2 mm Stärke ausrollen.

2 Aus den dünnen Platten kleine Stücke abreißen oder mit einer Klinge kleine Stücke abschneiden und diese auf die weiße Platte legen. Einzelne Stücke können sich dabei auch überlappen.

3 Mit dem Acrylroller oder der Claymaschine die einzelnen Stücke in die weiße Platte einrollen bis sie auf gleicher Höhe sind. Vor dem Ausstechen der einzelnen Teile die Platte nochmal anheben, um ein Ankleben zu vermeiden.

4 Stechen Sie nun jeweils zwei Kreise mit ø 1,5 cm und ø 2,5 cm aus. Für die Variante mit dem angeschnittenen Kreis legen sie beide große Kreise nebeneinander und schneiden mit der Klinge 5 mm ab. Mit einer Nadel das Loch für die Biegeringe anbringen.

5 Alle Teile backen und nach dem Abkühlen die Kanten und glatten Oberflächen abschleifen.

6 Den Stecker auf die Rückseite der kleinen Kreise kleben und gut trocknen lassen. Mithilfe der Schmuckzange die Biegeringe zum Verbinden der Teile verwenden und fertig ist der schöne Alltagsbegleiter. Mit dem zweiten Ohrring verfahren Sie genau gleich.

Mein Tipp für Sie

Aus den kleineren Kreisen können Sie auch kleine Ohrstecker oder auch Haarklammern arbeiten.

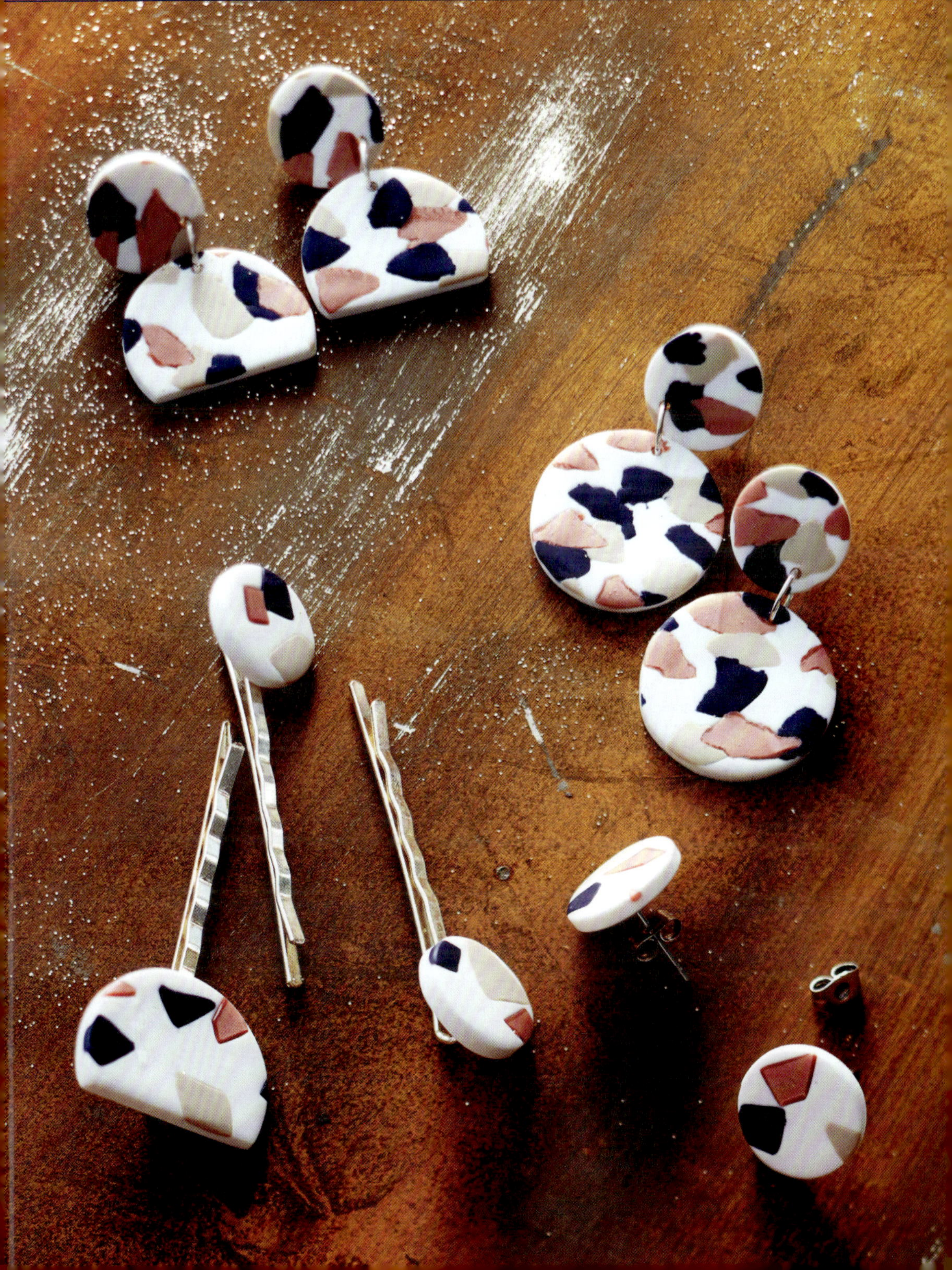

Geometrisches Schmuckset

im Ethno-Style

MOTIVLÄNGE
- Ohrhänger mit Haken ca. 7 cm
- Ketten Anhänger ca. 4 cm

MATERIAL
- FIMO® soft in Weiß (0), 3 Rippen
- FIMO® effect in Mint (505), 1 Rippe
- FIMO® effect in Metallic Kupfer (27), ½ Rippe
- FIMO® soft in Schwarz (9), ½ Rippe
- Acrylroller oder Clay-Maschine
- Schmuckzange
- Schneidemesser mit Schneideunterlage
- FIMO® Schleifschwamm

OHRHÄNGER
- 2 Ohrhaken in Silber
- 2 Biegeringe in Silber, ø 5 mm
- 4 Biegeringe in Silber, ø 8 mm
- Ausstechform Navette, 4 cm

KETTE
- Kugelkette in Silber, ø 1,5 mm
- 2 Biegeringe in Silber, ø 8 mm

VORLAGE
Download in der Digitalen Bibliothek

1 Aus FIMO® in der Farbe Weiß eine Platte mit 2–3 mm Stärke so ausrollen, dass die Navette Ausstechform dreimal nebeneinander passt.

2 Rollen Sie aus der Farbe Mint eine längliche Platte mit einer Stärke von 1–2 mm aus und reißen Sie einen 2 cm breiten Streifen ab. Diesen Streifen mittig der Länge nach auf der weißen Platte auflegen und mit dem Acrylroller einrollen.

Ohrhänger

1 Zweimal mit dem Ausstecher so ausstanzen, dass der Streifen in Mint mittig liegt. Mit einer Klinge die Schiffchen mittig horizontal durchtrennen.

2 Aus der Farbe Metallic Kupfer eine 1–2 mm starke Platte ausrollen, mit der Schablone ca. 14 Dreiecke ausschneiden und diese mit der langen Seite an der unteren Kante positionieren. In den Zwischenräumen jeweils ein Dreieck mit der Spitze nach oben platzieren und alles leicht festdrücken.

3 Aus dem Rest Metallic Kupfer eine dünne Schnur ausrollen. Mit der Klinge kleine Stücke abschneiden und diese auf dem oberen Teil an der Kante des mintfarbenen Streifen mit etwas Abstand leicht andrücken.

4 Aus einem Rest Schwarz eine dünne Schnur ausrollen und mit einer Klinge ca. 2–3 mm lange Stücke abschneiden. Diese auf dem oberen weißen Bereich vertikal platzieren. Die Löcher für die Biegering auf der glatten Seite jeweils links und rechts mit 5 mm Abstand zur Außenkante anbringen. An der Oberseite ebenfalls ein Loch für den Ohrhaken anbringen.

5 Alle Teile backen und nach dem Abkühlen die Kanten und glatten Oberflächen abschleifen.

6 Mit dem Biegering ø 5 mm den Ohrhaken am oberen Navetten Teil befestigen. Mit zwei Biegeringen ø 8 mm die beiden Navetten Hälften miteinander verbinden. Mit dem zweiten Ohrring verfahren Sie genau gleich.

Kette

Für das Erstellen des Kettenanhängers verfahren Sie genauso wie bei den Ohrringen. Zu Beginn von der Navette in Weiß mit der Klinge 1 cm an der Oberseite abtrennen. Es werden sieben Dreiecke in Metallic Kupfer benötigt. Bringen Sie zwei Öffnungen an der Oberseite für die Biegeringe und nach dem Backen die Biegeringe selbst an.

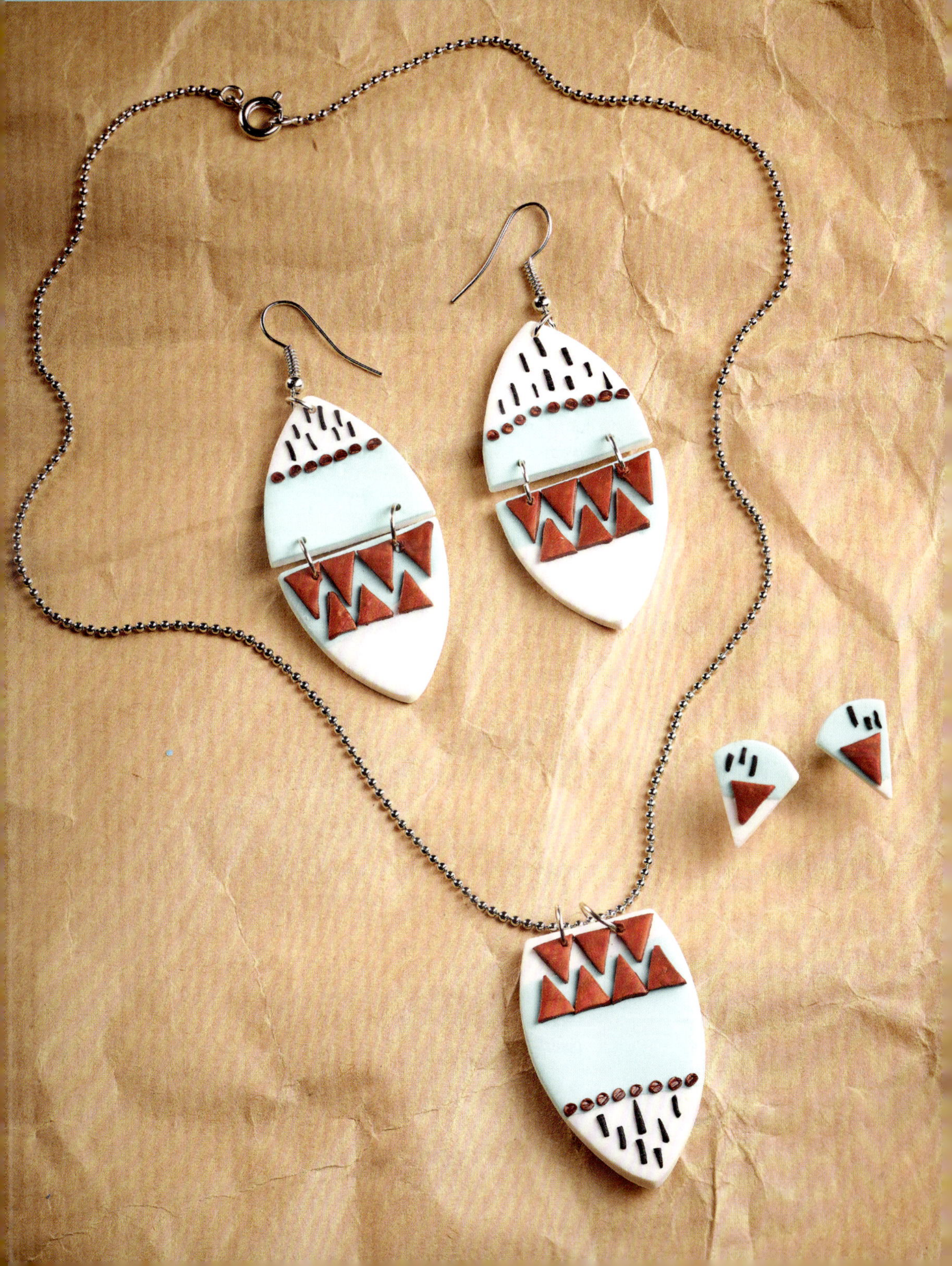

Monsteraschmuck

in Maritim

MOTIVLÄNGE

- Ohrhänger Wimpel ca. 5 cm
- Ohrhänger Kreis ca. 4 cm

MATERIAL

- FIMO® soft in Kirschrot (26), 3 Rippen
- FIMO® soft in Weiß (0), 2 Rippen
- FIMO® soft in Schwarz (9), 2 Rippen
- FIMO® soft in Windsorblau (35), 1 Rippe
- FIMO® soft in Smaragd (56), 1 Rippe
- 2 Ohrstecker in Silber
- 2 Biegeringe in Silber, ø 8 mm
- Schmuckkleber
- Ausstechform Herz, ø 2 cm
- Schneidemesser mit Schneideunterlage
- Acrylroller oder Clay-Maschine
- Modellierwerkzeug
- Schmuckzange
- FIMO® Schleifschwamm

OHRHÄNGER WIMPEL

- Ausstechform Wimpel, ø 4 cm
- Ausstechform Kreis, ø 1 cm

OHRHÄNGER KREIS

- Ausstechform Kreis, ø 1 cm und ø 3 cm

1 Aus FIMO® in den Farben Weiß und Schwarz jeweils eine Platte mit einer Stärke von 1–2 mm ausrollen. Schneiden Sie fünf Rechtecke mit einer Größe von jeweils 2 cm x 2 cm aus. Legen Sie diese abwechselnd aufeinander und drücken Sie alles leicht fest. Auf der Oberseite alle 2 mm eine Markierung setzen und mit dem Messer 2 Scheiben abschneiden.

2 Stechen Sie mit der Ausstechform ø 1 cm zwei Kreise aus und bringen Sie ein Loch für den Biegering an.

3 Rollen Sie aus der Farbe Kirschrot eine Platte mit einer Stärke von 2–3 mm aus. Schneiden Sie zwei weitere ca. 1 mm starke Scheiben der Streifen ab und schneiden Sie kleine Streifen zu, die Sie auf der kirschroten Platte beliebig verteilen. Mit dem Acrylroller oder der Clay-Maschine in die Platte einrollen.

4 Für die Blätter aus der Farbe Windsorblau und Smaragd jeweils eine Platte mit 1–2 mm Stärke ausrollen. Aus jeder Platte jeweils 6–7 Herzen ausstechen. Mit dem Modellierwerkzeug Blattadern eindrücken, mit dem Schneidemesser dazwischen die Blatt-Durchbrüche ausschneiden und diese mit einem Modellierwerkzeug eindrücken.

5 Die ausgeschnittenen Blätter beliebig auf die Platte auflegen und leicht festdrücken.

Je nach Ohrringvariante entweder zwei Wimpel oder zwei Kreise ausstechen und die Löcher für die Biegeringe anbringen.

6 Alle Teile backen und nach dem Abkühlen die Kanten und glatten Oberflächen abschleifen.

7 Den Ohrstecker auf der Rückseite des kleinen gestreiften Kreises aufkleben und trocknen lassen. Den gestreiften Stecker mit dem Biegering an das untere Teil befestigen. Mit dem zweiten Ohrring verfahren Sie genau gleich.

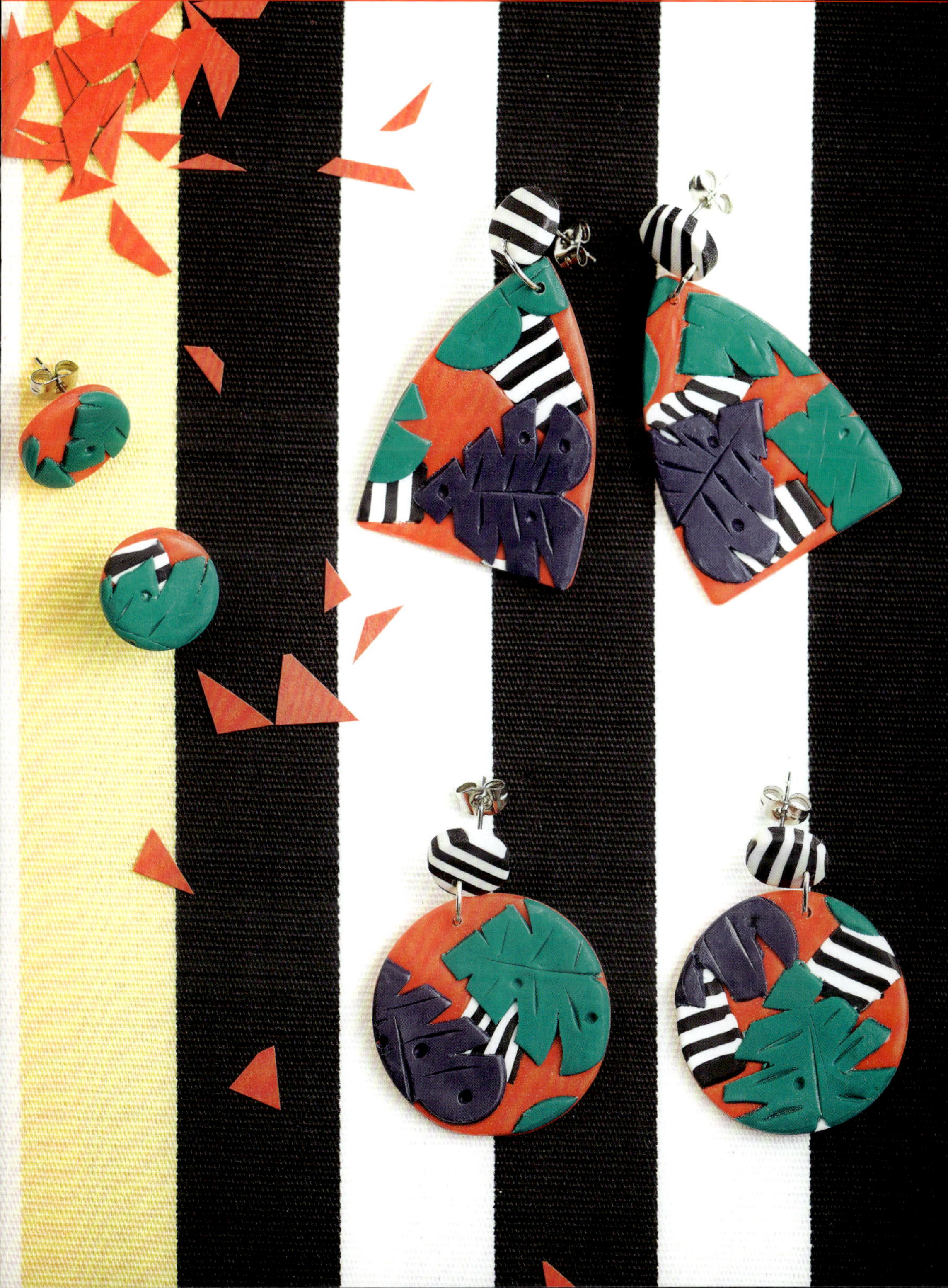

Chrysanthemen-Traum

in Rot-Blau

MOTIVLÄNGE

- Ohrringe ca. 5 cm
- Ohrringe mit Quaste ca. 8 cm

MATERIAL

- FIMO® soft in Pazifikblau (37), 3 Rippen
- FIMO® soft in Indischrot (24), ½ Rippe
- Schmuckkleber
- Ausstechform Kreis, ø 1,5 cm und ø 4 cm
- Schneidemesser mit Schneideunterlage
- Acrylroller oder Clay-Maschine
- Schmuckzange
- FIMO® Schleifschwamm

OHRRINGE

- 2 Ohrstecker in Silber
- 2 Biegeringe in Silber, ø 8 mm

OHRRINGE MIT QUASTE

- 2 Ohrstecker in Silber
- 2 Biegeringe in Silber, ø 8 mm
- 2 Biegeringe in Silber, ø 10 mm
- Baumwollgarn in Rot, 2x 2,3 m
- Schere
- EC-Karte/Karton 5,5 cm x 8,5 cm

1 Rollen Sie das pazifikblaue FIMO® 2–3 mm stark aus und stanzen Sie mit den Ausstechern jeweils zwei große und zwei kleine Kreise mit etwas Abstand leicht in die Platte.

2 Aus FIMO® in Indischrot eine Schnur mit ø ca. 5–8 mm ausrollen und an einer Seite gleichmäßig eindrücken, um eine Tropfenform zu erhalten. Mithilfe der FIMO®-Klinge oder einem Cutter von der Rolle ca. 50–60 hauchdünne Blätter abschneiden.

3 Drücken Sie beginnend mit der hinteren Reihe mittig des großen Kreises die Blütenblätter von rechts nach links auf den vorgestanzten großen Kreis. Alle weiteren Blütenreihen in der gleichen Richtung auflegen und etwas außerhalb des vorgestanzten Kreises beginnen.

Am kleinen Kreis drei Blütenblätter so andrücken, dass die Blattspitzen nach unten zeigen.

4 Die Platte auf ein Stück Papier legen und die Kreise an der vorgedrückten Position ausstechen. Vor dem Backen die Löcher für die Binderinge anbringen und die Kanten und glatten Oberflächen nach dem Abkühlen schleifen.

5 Den Ohrstecker auf die obere Rückseite des kleinen Kreises kleben und gut trocknen lassen. Mithilfe einer Schmuckzange durch einen Bindering mit ø 8 mm den kleinen und großen Kreis miteinander verbinden. Mit dem zweiten Ohrring verfahren Sie genau gleich.

Ohrringe mit Quaste

1 Für das Erstellen der Ohrringe mit Quaste verfahren Sie zunächst genauso wie bei den Ohrringen ohne. Einen großen und zwei kleine Kreise mit etwas Abstand leicht in die pazifikblaue Platte stanzen und 25–35 hauchdünne Blätter von der Rolle in Indischrot abschneiden und positionieren.

2 Den großen Kreis durch die Blüte führend halbieren. Mithilfe einer Nadel die Löcher für die Binderringe anbringen. Die Teile anschließend backen.

3 Nach dem Abkühlen die Ohrstecker auf die Rückseite des kleinen Kreises kleben und ausreichend trocknen lassen. Die oberen Kreise an die unteren Halbkreise mit einem Bindering ø 8 mm verbinden. An der geraden Unterseite des Halbkreises die Quaste befestigen.

4 Nun einen Bindering mit ø 10 mm aufziehen, beide Seiten der Quaste nach unten schlagen und mit zwei weiteren Fäden eine Quasten-Taille binden. Achten Sie darauf, das Loch des Binderinges nicht einzuwickeln, da die Quaste im Anschluss an den Ohrring befestigt wird. Die untere Seite mit einer Schere aufschneiden und gleichmäßig nach unten streichen. Alle Fäden auf eine Länge kürzen und in der gleichen Art eine weitere Quaste anfertigen.

5 Biegering mithilfe der Schmuckzange aufbiegen und an dem Loch des unteren Halbkreises befestigen. Danach das Loch des Binderinges in die Quaste schieben. Mit der zweiten Quaste ebenso verfahren.

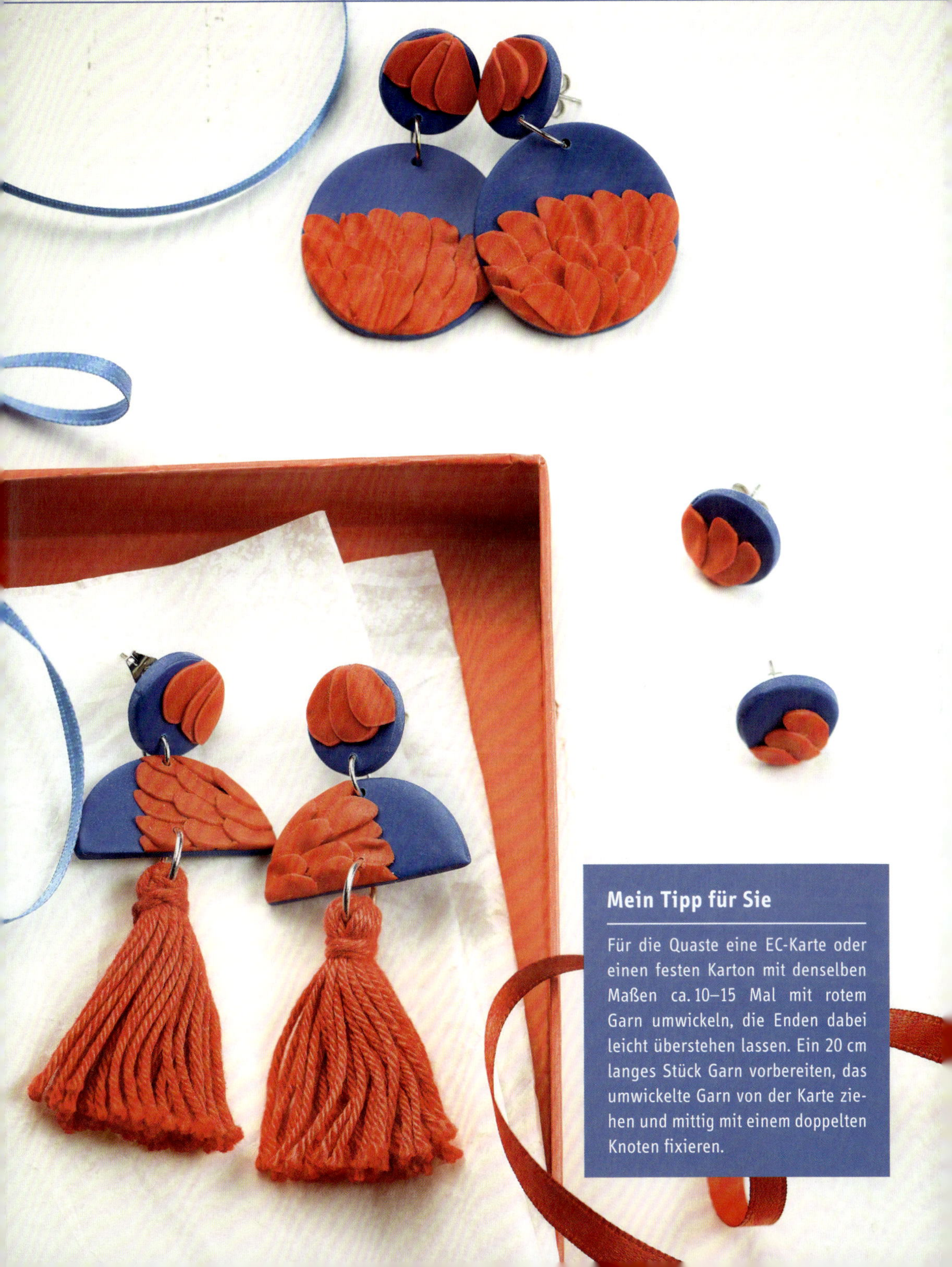

Mein Tipp für Sie

Für die Quaste eine EC-Karte oder einen festen Karton mit denselben Maßen ca. 10–15 Mal mit rotem Garn umwickeln, die Enden dabei leicht überstehen lassen. Ein 20 cm langes Stück Garn vorbereiten, das umwickelte Garn von der Karte ziehen und mittig mit einem doppelten Knoten fixieren.

Blütenranke

Blickfang in Pink

MOTIVLÄNGE
ca. 7 cm

MATERIAL
- FIMO® soft in Weiß (0), 2 Rippen
- FIMO® soft in Himbeere (22), 1 Rippe
- 2 Ohrstecker in Silber
- 4 Biegeringe in Silber, ø 8 mm
- Schmuckkleber
- Ausstechform Kreis, ø 1,5 cm und ø 2,5 cm
- Modellierwerkzeug
- Schmuckzange
- Schneidemesser und Schneideunterlage
- FIMO® Schleifschwamm

VORLAGE
Download in der Digitalen Bibliothek

1 FIMO® in der Farbe Weiß zu einer 2–3 mm starken Platte ausrollen. Stanzen Sie mit den Ausstechern zwei große und zwei kleine Kreise mit etwas Abstand leicht in die Platte. Aus der Farbe Himbeere eine sehr dünne Schnur für die Blütenranke ausrollen und durch jeweils jeden Kreis laufen lassen.

2 Die Farbe Himbeere zu einer 1–2 mm starken Platte ausrollen. Blütenblätter ausdrucken, ausschneiden und als Vorlage auf die Platte legen. Mit dem Schneidemesser mehrere Blätter in unterschiedlichen Größen ausschneiden und an die Blütenranke setzen.

3 Blattadern mit einem Modellierwerkzeug eindrücken und den Hintergrund flächig mit einem Stecknadelkopf eindrücken.

4 Jeweils zwei große und zwei kleine Kreise ausstechen und Löcher für die Binderinge durchstechen.

5 Rollen Sie den Rest des himbeerfarbenen FIMO® 2–3 mm stark aus. Blütenvorlagen ausdrucken, ausschneiden, auf die Platte legen und mit einem Schneidemesser ausschneiden. Mit einem Modellierwerkzeug Adern anbringen, drehen und dasselbe auf der Rückseite wiederholen. Mit einer Nadel das Loch für den Biegering anbringen und dasselbe mit dem zweiten Blütenblatt durchführen.

6 Alle Teile backen und nach dem Abkühlen die Kanten und glatten Oberflächen abschleifen.

7 Den Stecker an den oberen kleinen Kreis kleben und die beiden Kreise nach dem Trocknen durch einen Biegering miteinander verbinden. Das Blütenblatt mit einem Biegering an den unteren Kreis setzen, am anderen Ohrring dasselbe in gespiegelter Richtung machen. Fertig sind die Highlights für Ihr Outfit.

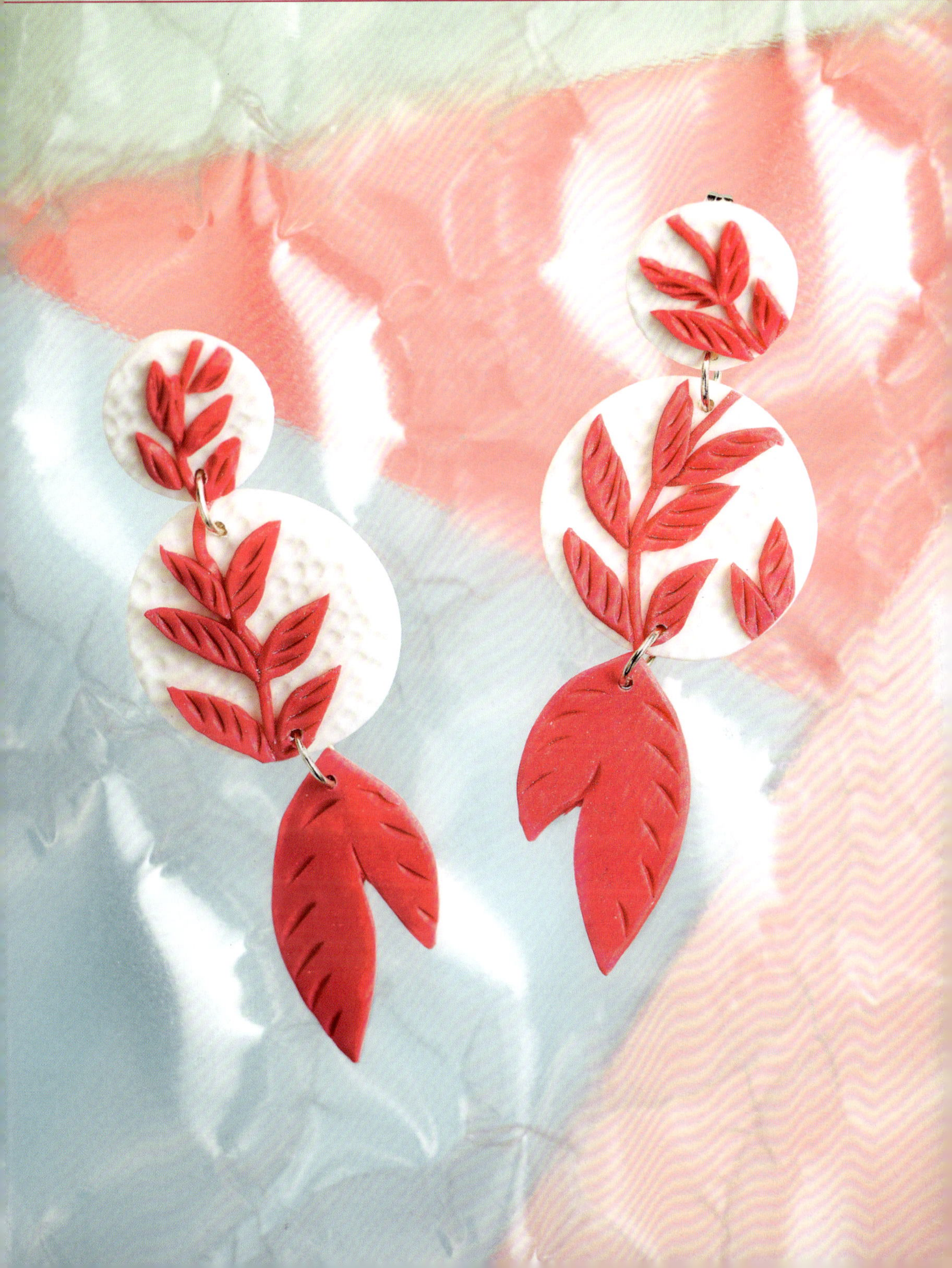

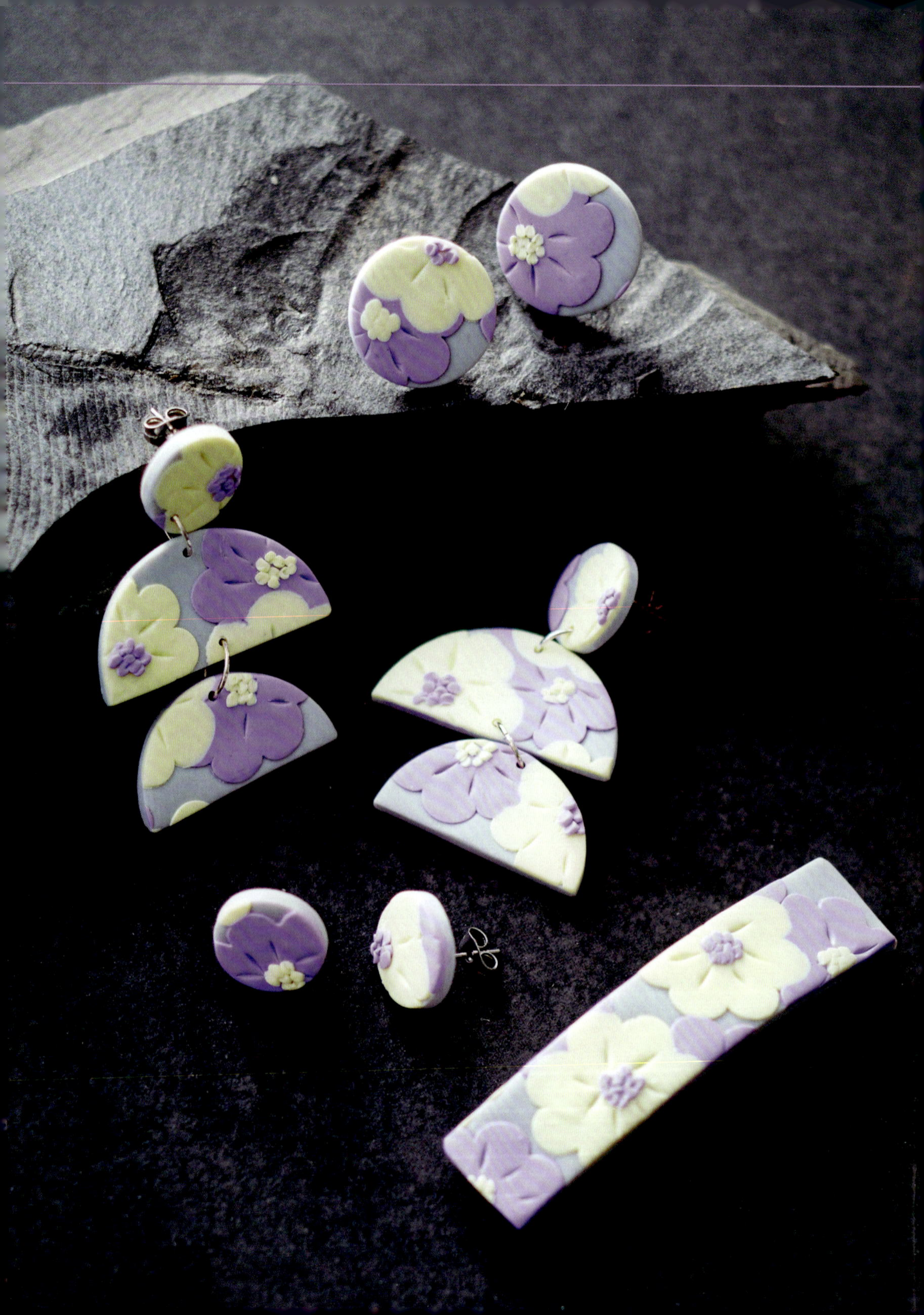

Blumenwiese

in Pastell

MOTIVLÄNGE
ca. 5,5 cm

MATERIAL

- FIMO® soft in Delfingrau (80), 3 Rippen
- FIMO® effect in Flieder (605), 1 Rippe
- FIMO® effect in Vanille (105), 1 Rippe
- 2 Ohrstecker in Silber
- 4 Biegeringe in Silber, ø 8 mm
- Schmuckkleber
- Ausstechformen Blume 2 cm, Kreis ø 1,5 cm, ø 3 cm und ø 3,5 cm
- Acrylroller oder Clay-Maschine
- Modellierwerkzeug
- Schmuckzange
- Schneidemesser mit Schneideunterlage
- FIMO® Schleifschwamm

1 Die Farbe Delfingrau zu einer 2–3 mm starken Platte und die weiteren Farben jeweils zu einer 1–2 mm starken Platte ausrollen.

2 Mit der Ausstechform Blume mehrere Blüten in Flieder und Vanille ausstechen und beliebig auf der delfingrauen Platte verteilen. Der Hintergrund sollte nur gering sichtbar sein, Blütenblätter dürfen überlappen.

3 Formen Sie aus einem Rest in Flieder und Vanille eine sehr dünne Schnur. Mithilfe des Schneidemessers kleine Stücke abschneiden und als Narbe auf die jeweils andere Farbe der Blüte setzen. Für jede Narbe je nach Durchmesser der Schnur fünf bis sieben kleine Stücke schneiden, mittig in der Blüte platzieren und leicht festdrücken.

4 Mit dem Modellierwerkzeug Blütenblätter eindrücken und an einer beliebigen Stelle zwei kleine Kreise ø 1,5 cm, einen Kreis ø 3 cm und einen Kreis ø 3,5 cm ausstechen. Die beiden großen Kreise mittig mit einer Klinge durchtrennen.

5 Für die Biegeringe an dem oberen Kreis ein Loch, an dem mittleren großen Halbkreis zwei Löcher und an dem unteren ein Loch durchstechen. Zeichnen Sie die Halbkreise mit den Markierungen für die Mitte als Schablone auf ein Stück Papier, damit alle Teile mittig hängen.

6 Alle Teile backen und nach dem Abkühlen die Kanten und glatten Oberflächen abschleifen.

7 Den Stecker an den oberen kleinen Kreisen aufkleben. Nach ausreichender Trockenzeit die einzelnen Teile mit den Biegeringen verbinden. Mit dem zweiten Ohrring verfahren Sie genau gleich.

Black Beauty

edle Blüte

MOTIVLÄNGE
ca. 6 cm

MATERIAL

- FIMO® soft in Schwarz (9), 2 Rippen
- FIMO® effect in Glittersilber (812), ½ Rippe
- 2 Ohrstecker mit Halbkugel und Öse in Silber
- 2 Biegeringe in Silber, ø 5 mm
- 4 Biegeringe in Silber, ø 8 mm
- 2 Metall Flachringe in Silber, ø 25 mm
- Seidenmatt-Lack
- feiner Pinsel
- Acrylroller oder Clay-Maschine
- Schmuckzange
- Schneidemesser mit Schneideunterlage
- FIMO® Schleifschwamm

VORLAGE
Download in der Digitalen Bibliothek

1 FIMO® in den Farben Silber und Schwarz miteinander vermischen und solange kneten, bis das Silber gleichmäßig verteilt ist. Teile die Masse in der Hälfte und rolle eine 2–3 mm starke Platte sowie ein 1–2 mm starke Platte aus.

2 Die Vorlagen ausdrucken und ausschneiden. Schneiden sie mit einem Schneidemesser aus der 2–3 mm starken Platte zwei Blüten aus. Aus der 1–2 mm starken Platte die kleinen Blätter in vierfacher Ausfertigung schneiden.

3 Die Kanten der einzelnen Teile vorsichtig glatt drücken. Die kleinen Blätter werden kantig an der großen Blüte oben angelegt, sodass die Spitzen aufeinandertreffen. Mithilfe einer Nadel die beiden Löcher jeweils an der Spitze der kleinen Blätter anbringen. Vor dem Backen die Spitzen der Blätter leicht nach oben biegen.

4 Alle Teile backen und nach dem Abkühlen die Kanten und glatten Oberflächen abschleifen.

5 Mit einem feinen Pinsel die Vorderseiten mit Seidenmatt-Lack lackieren und mindestens 20 min trocknen lassen bevor die Blüten gedreht werden und die Rückseite bemalt wird.

6 Die ausreichend getrocknete Blüte mit zwei Biegeringen mit ø 8 mm an dem Flachring befestigen. Die Ohrstecker mit einem Biegering mit ø 5 mm anhängen. Mit dem zweiten Ohrring verfahren Sie genau gleich.

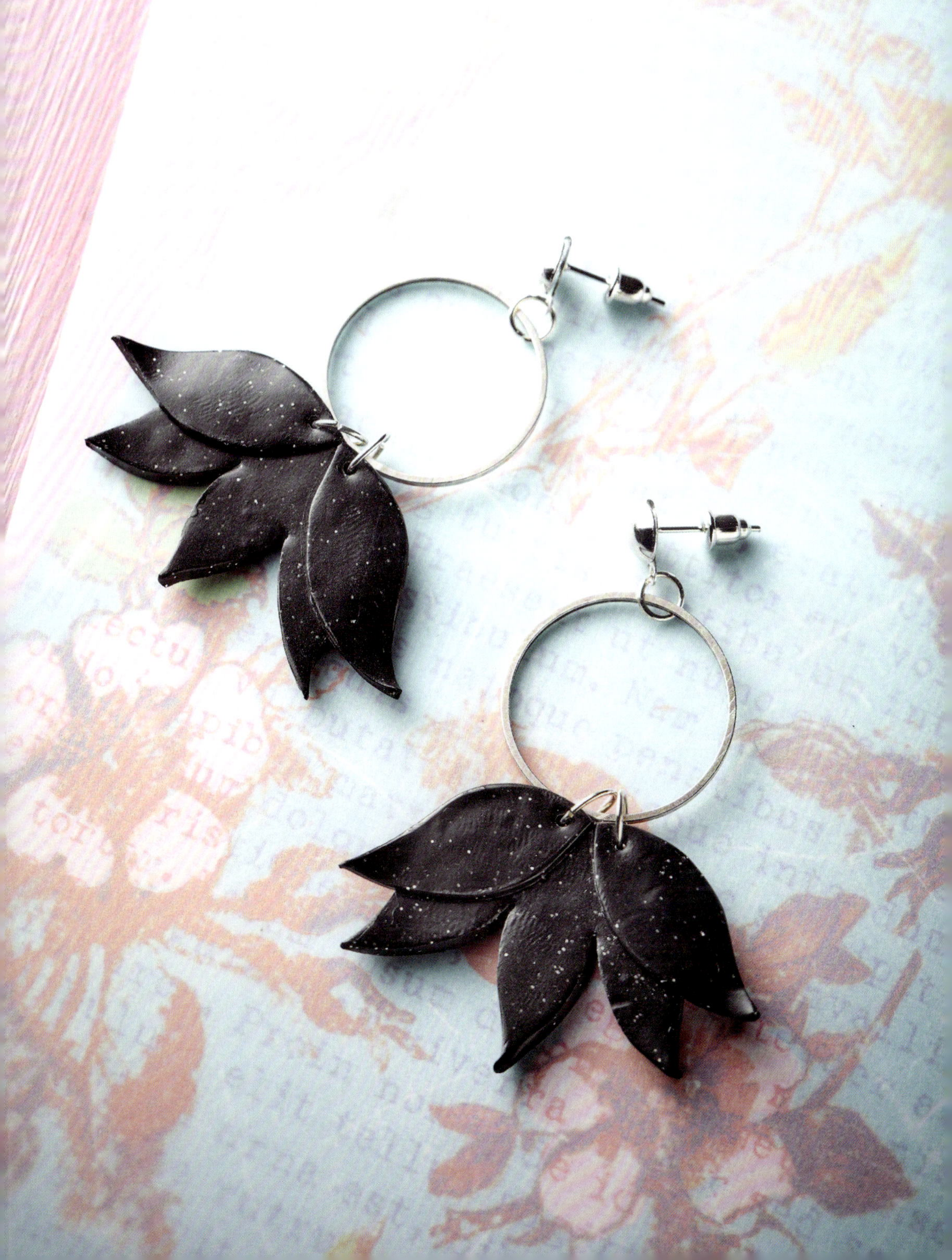

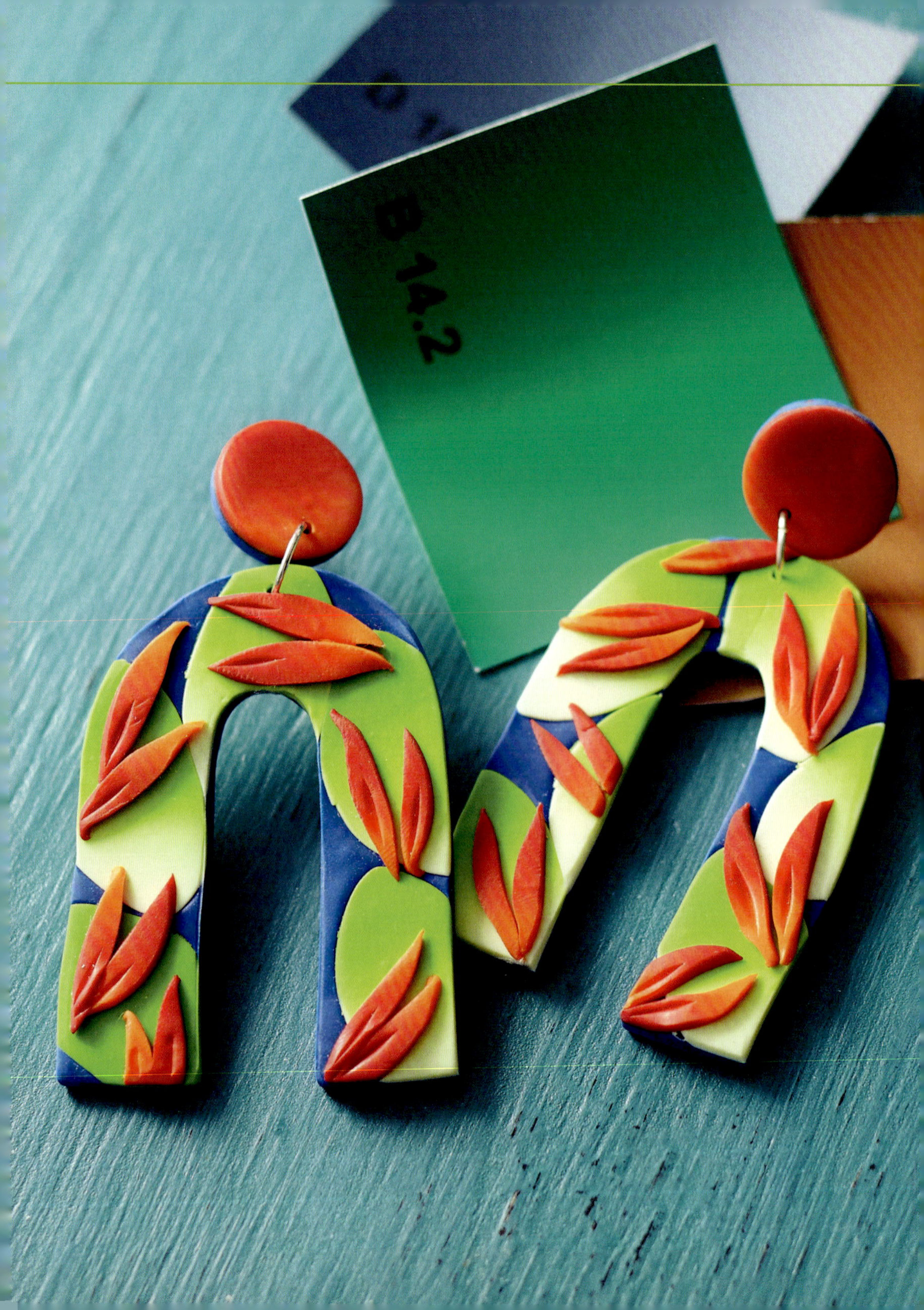
B 14.2

Strelizien-Bogen

exotische Begleiter

MOTIVLÄNGE
ca. 7 cm

MATERIAL
- FIMO® soft in Brilliantblau (35), 3 Rippen
- FIMO® soft in Apfelgrün (50), 1 Rippe
- FIMO® effect in Vanille (105), 1 Rippe
- FIMO® soft in Mandarine (42), 1 Rippe
- FIMO® soft in Kirschrot (26), 1 Rippe
- 2 Ohrstecker in Silber
- 2 Biegeringe in Silber, ø 8 mm
- Schmuckkleber
- Ausstechform Kreis, ø 1,5 cm, Navette 2,5 cm
- Acrylroller oder Clay-Maschine
- Modellierwerkzeug
- Schmuckzange
- Schneidemesser mit Schneideunterlage
- FIMO® Schleifschwamm

VORLAGE
Download in der Digitalen Bibliothek

1 FIMO® in der Farbe Brilliantblau zu einer 2–3 mm starken Platte ausrollen. Die Bogen-Vorlage ausdrucken, ausschneiden und grob den benötigten Platz auf der Platte markieren.

2 Aus den Farben Apfelgrün und Vanille jeweils eine 5 cm lange Schnur formen und zusammendrücken. Mit dem Acrylroller der Länge nach ausrollen, mittig falten und in Längsrichtung ausrollen. Diesen Vorgang solange wiederholen, bis sich die Farben verbinden und mittig ein Farbverlauf entsteht. Abschließend 1–2 mm stark ausrollen.

3 Denselben Vorgang mit der Farbe Mandarine und Kirschrot durchführen und ebenfalls 1–2 mm stark ausrollen.

4 Schneiden Sie ein 3 cm x 3 cm großes Rechteck in Mandarine/Kirschrot aus und legen Sie es auf die blaue Platte. Rollen Sie diesen Bereich mit einem Acrylroller fest und stechen Sie zwei Kreise für den oberen Stecker aus. Löcher für Biegeringe anbringen und auf das Backblech legen.

5 Mit dem Navetten Ausstecher mehrere Blätter aus der Apfelgrün/Vanille Platte ausstechen und auf der brilliantblauen Platte verteilen. Mit dem Acrylroller einrollen bis eine gleichmäßige Fläche entsteht.

6 Drucken Sie die Blütenblätter aus und schneiden Sie aus der Farbübergang Platte Mandarine/Kirschrot mehrere davon aus. Setzen Sie immer zwei bis drei der Blütenblätter auf Ihre Platte mit den grünen Blättern und drücken Sie diese leicht fest.

7 Legen Sie die Vorlage des Bogens auf Ihre Platte und umfahren Sie mit einer Stecknadel die Außenlinien. Schneiden Sie den Bogen mit einem Schneidemesser aus und bringen Sie oben mittig das Loch für den Biegering an. Die Kanten von Hand oder einem flachen Modellierwerkzeug gleichmäßig eindrücken. In die Blütenblätter eine Kerbe eindrücken. Den zweiten Bogen ebenso anfertigen.

8 Alle Teile backen und nach dem Abkühlen die Kanten und glatten Oberflächen abschleifen.

9 Den Ohrstecker auf die Rückseite der oberen Kreise kleben und ausreichend trocknen lassen. Abschließend den oberen Stecker mithilfe eines Biegerings an den unteren Bogen befestigen. Mit dem zweiten Ohrring verfahren Sie genau gleich.

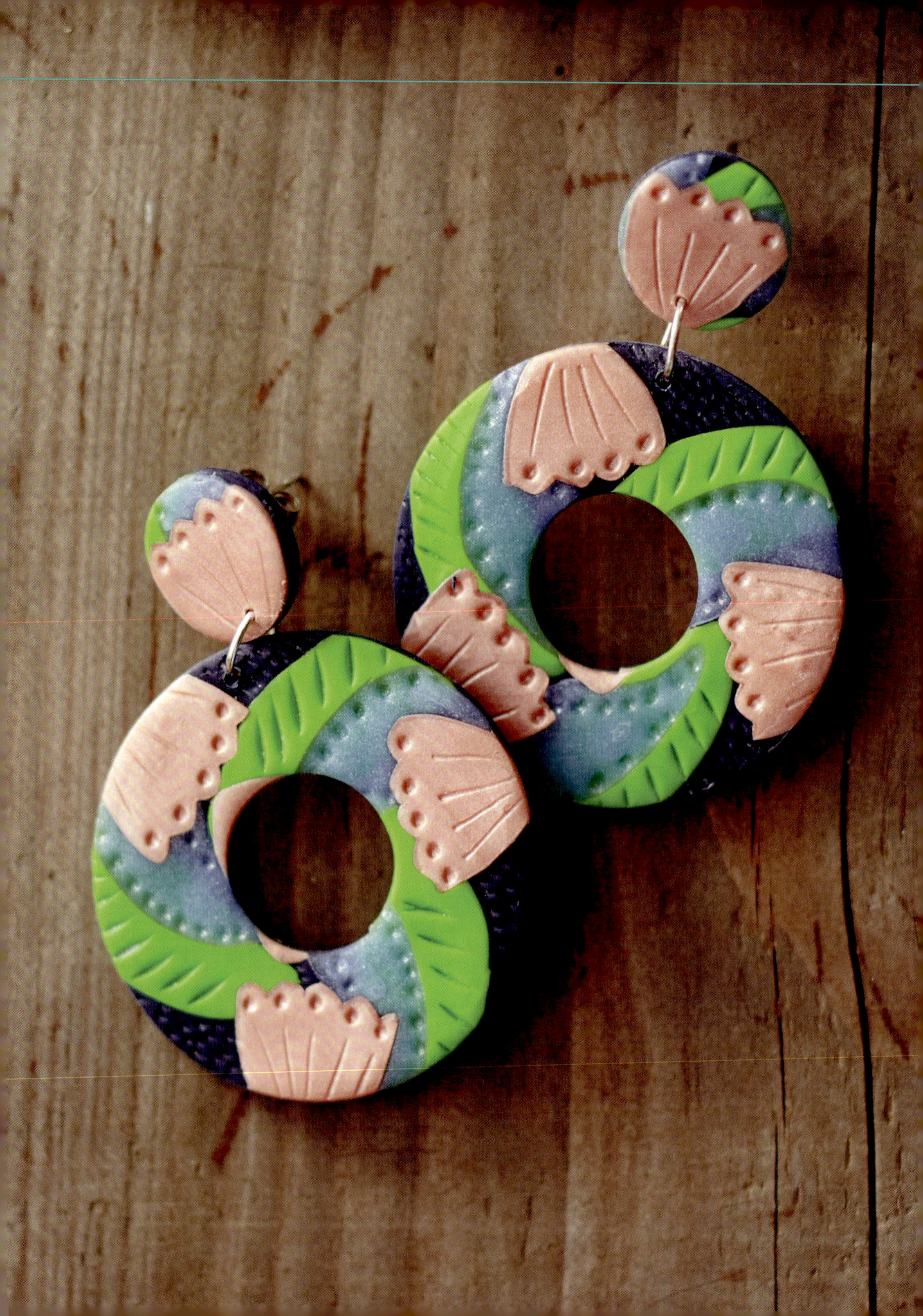

Botanische Creolen

mit filigranen Details

MOTIVLÄNGE
ca. 5,5 cm

MATERIAL
- FIMO® soft in Windsorblau (35), 3 Rippen
- FIMO® soft in Apfelgrün (50), ½ Rippe
- FIMO® effect in Blau-Achat (386), ½ Rippe
- FIMO® effect in Rosegold Pearl (207), ½ Rippe
- 2 Ohrstecker in Silber
- 2 Biegeringe in Silber, ø 8 mm
- Schmuckkleber
- Ausstechform Kreis, ø 1,5 cm und ø 4 cm
- Acrylroller oder Clay-Maschine
- Modellierwerkzeug
- Schneidemesser mit Schneideunterlage
- Schmuckzange
- FIMO® Schleifschwamm

VORLAGE
Download in der Digitalen Bibliothek

1 Die Farbe Windsorblau zu einer 2–3 mm starken Platte ausrollen. Auch aus den weiteren Farben jeweils 1–2 mm starke Platten ausrollen.

2 Stanzen Sie leicht mit dem kreisförmigen Ausstecher mit ø 4 cm zwei Kreise in die Platte in Windsorblau, um einen Rahmen zu schaffen, in den das Muster gelegt wird.

3 Für das florale Muster aus den Farben Apfelgrün und Blau-Achat jeweils drei Blätter ausstechen. Die apfelgrünen Blätter längs mit dem Schneidemesser trennen, die Blätter in Blau-Achat längs wellig durchschneiden.

4 Aus der Farbe Rosegold Pearl vier Blätter ausstechen und diese knapp jeweils zur Mitte mit der Wellenklinge durchtrennen um zwei Blüten zu erhalten.

5 Jeweils drei Blätter in Apfelgrün im gleichmäßigen Abstand in Richtung Kreismitte auflegen und mit dem Acrylroller einrollen. Im Anschluss an jedes Blatt in Grün ein Blatt in Blau-Achat leicht versetzt auflegen und mit dem Acrylroller einrollen. Von den Blüten in Rosegold Pearl legen Sie eine Blüte knapp an den Rand zu einem der bereits eingerollten Blätter und eine Blüte mittig. Rollen Sie diese ebenfalls mit dem Acrylroller ein.

6 Modellieren Sie nun mit verschiedenen Werkzeugen Adern auf den apfelgrünen Blättern und Punkte auf den Blüten und den Blättern in Blau-Achat. Mit einer Nadel feine Linien auf den Blüten einritzen und anschließend den Hintergrund texturieren.

7 Mit dem Ausstecher ø 4 cm zwei Kreise ausstechen und mittig einen Kreis ø 1,5 cm ausstechen. Die Bindering anbringen.

8 Alle Teile backen und nach dem Abkühlen die Kanten und glatten Oberflächen abschleifen.

9 Den Stecker mit Schmuckkleber auf die Rückseite des kleinen Kreises kleben und ausreichende Zeit trocknen lassen. Abschließend beide Teile mit einem Biegering ø 8 mm verbinden. Mit dem zweiten Ohrring verfahren Sie genau gleich.

Matisse-Ohrringe

Kunstvolle Hommage

MOTIVLÄNGE
ca. 8,5 cm

MATERIAL

- FIMO® soft in Windsorblau (35), 1 Rippe
- FIMO® soft in Limone (10), 1 Rippe
- FIMO® soft in Weiß (0), ½ Rippe
- FIMO® soft in Cognac (79), 2 Rippen
- 2 Ohrstecker mit Halbkugel und Öse in Silber
- 2 Biegeringe in Silber, ø 8 mm
- 2 Biegeringe in Silber, ø 6 mm
- Acrylroller oder Clay-Maschine
- Schmuckzange
- Schneidemesser mit Schneideunterlage
- FIMO® Schleifschwamm

VORLAGE
Download in der Digitalen Bibliothek

1 Für den Farbton Petrol mischen Sie die angegebenen Mengen Windsorblau, Limone und Weiß zusammen und kneten Sie diese so lange bis ein einheitlicher Farbton entsteht.

2 Aus der gemischten Farbe Petrol und Cognac jeweils eine 2–3 mm starke Platte ausrollen.

3 Die Matisse Vorlage ausdrucken und ausschneiden. Legen Sie zum Übertragen die Schablone auf die FIMO®-Platte und umfahren Sie diese mit einer Nadel. Für das zweite Blatt die Vorlage gespiegelt auflegen und ebenfalls übertragen.

4 Mit einem Schneidemesser die Blätter ausschneiden und vorsichtig von der Platte ablösen. Die Kanten mit Modellierwerkzeug oder den Fingern leicht andrücken. Von jeder Farbe jeweils zwei Blätter anfertigen.

5 Vor dem Backen die Löcher für die Biegeringe anbringen. Legen Sie die Ohrringe davor so auf das Blech, wie sie im fertigen Zustand aussehen sollen. Das obere Blatt benötigt oben und unten ein Loch als Verbindung.

6 Alle Teile backen und nach dem Abkühlen die Kanten und glatten Oberflächen abschleifen.

7 Den Ohrstecker mit einem Biegering mit ø 6 mm jeweils an ein cognacfarbenes Blatt und ein petrolfarbenes Blatt anbringen. Darunter jeweils die andere Farbe mit einem Biegering mit ø 8 mm anbringen. Mit dem zweiten Ohrring verfahren Sie genau gleich.

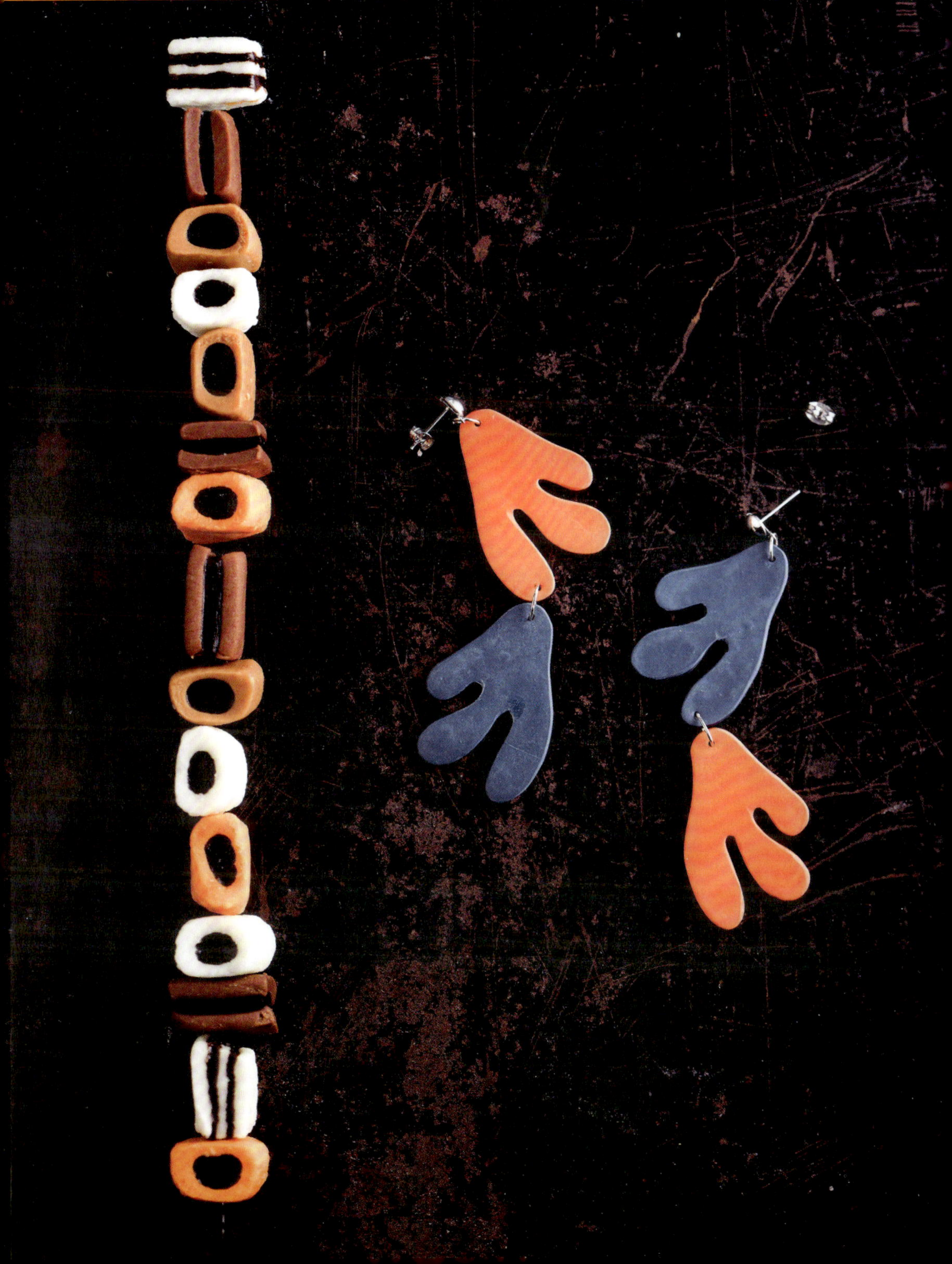

Mismatch in Mint

mit silbernen Akzenten

MOTIVLÄNGE
ca. 6 cm

MATERIAL
- FIMO® soft in Weiß (0), 2 Rippen
- FIMO® soft in Windsorblau (35), ½ Rippe
- FIMO® soft in Limone (10), ½ Rippe
- Blätter (z. B. Salbei, Fittonie oder Farn)
- 2 Ohrhaken in Silber
- 2 Biegeringe in Silber, ø 6 mm
- 4 Biegeringe in Silber, ø 8 mm
- 2 Metall Flachringe in Silber, ø 20 mm
- Ausstechform Kreis, ø 1,5 cm und ø 2 cm
- Acrylroller
- Schmuckzange
- FIMO® Schleifschwamm

1 Für den Farbton Mint alle Farben zusammenmischen und solange kneten bis ein einheitlicher Farbton entsteht. Aus der gemischten Farbe eine 2–3 mm starke Platte ausrollen.

2 Nehmen Sie einzelne beliebige Blätter und legen Sie diese mit der Unterseite voran auf die FIMO®-Platte. Mit dem Acrylroller die Blätter vorsichtig einrollen und im Anschluss vorsichtig wieder abziehen.

3 Die Platte auf ein Stück Papier legen und vier kleine sowie zwei große Kreise ausstechen. Stechen Sie in die oberen kleinen Kreise jeweils oben und unten ein Loch für die Biegeringe ein. Zwei Löcher in den mittleren Teil an einem großen und kleinen Kreis stechen. Der untere Teil, ein kleiner und ein großer Kreis, erhalten je ein Loch.

4 Alle Teile backen und nach dem Abkühlen die Kanten und glatten Oberflächen abschleifen.

5 Beim Verbinden der einzelnen Teile verwenden Sie Biegeringe mit ø 8 mm. Für das Verbinden der Ohrhaken mit dem oberen Kreis jeweils einen Biegering mit ø 5 mm verwenden. In den Kreisen mit ø 2 cm jeweils einen Flachring in Silber einhängen. Mit dem zweiten Ohrring verfahren Sie genau gleich.

Mein Tipp für Sie

Bei größeren Blättern wirken größere Ausstechformen sehr gut, probieren Sie unterschiedliche Blätter aus und lassen Sie sich von den unterschiedlichen Modellformen im Buch inspirieren.

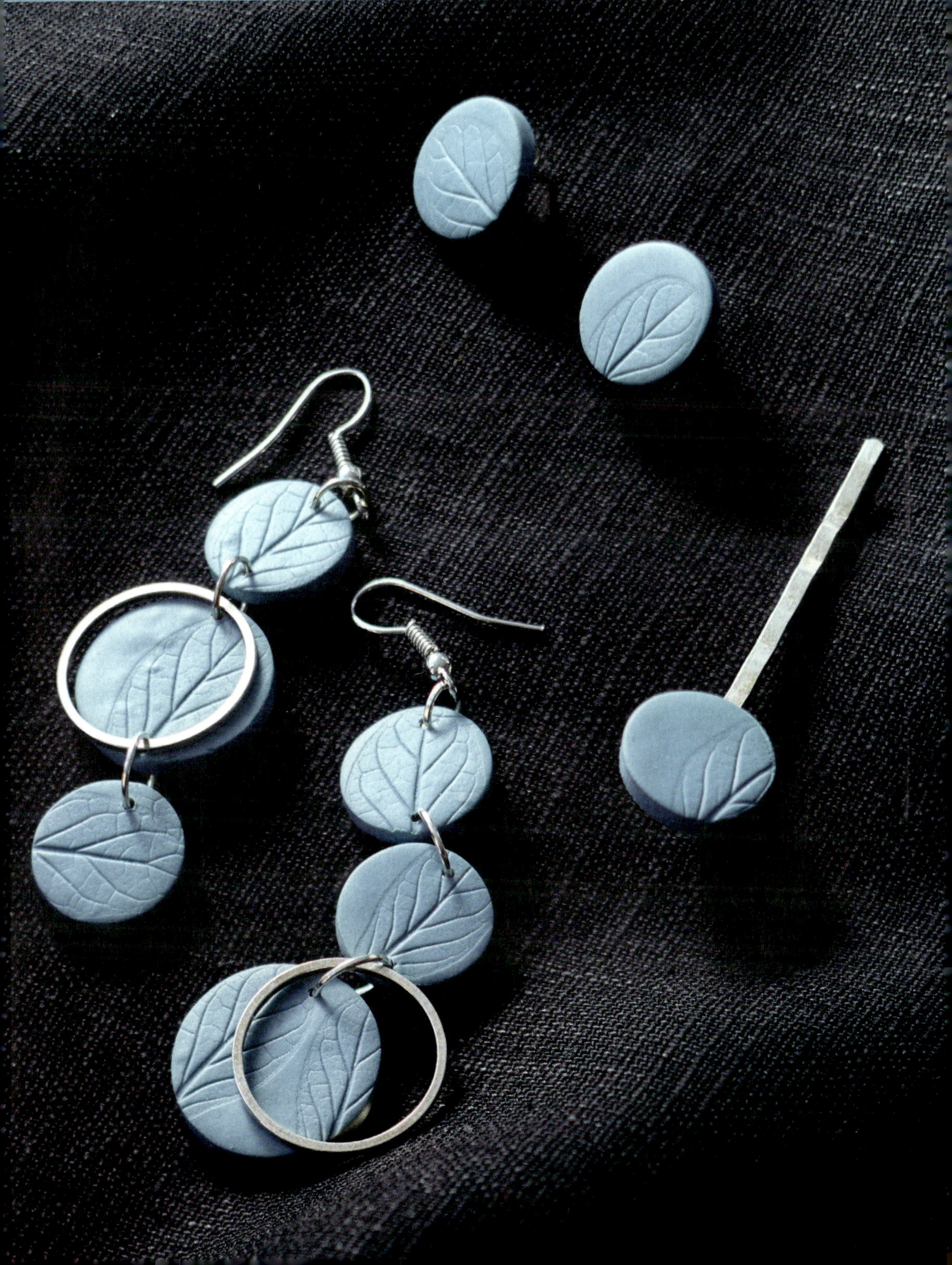

Farn-Kugeln

mit Liebe fürs Detail

MOTIVLÄNGE

- Ohrhänger ca. 3,5 cm
- Kette ca. 4,5 cm

MATERIAL

- FIMO® soft in Weiß (0), 2 Rippen
- FIMO® soft in Windsorblau (35), Rest
- FIMO® soft in Tropischgrün (53), Rest
- FIMO® soft in Limone (10), Rest

OHRHÄNGER

- 2 Ohrhaken in Silber
- 2 Kettelstifte in Silber, 2 cm lang
- Ausstechform Kreis, ø 3 cm
- Schmuckzange

KETTENANHÄNGER

- 1 Kettelstift in Silber, 2 cm lang
- 1 Biegering in Silber, ø 5 mm
- Lederband, ø 2 mm
- Ausstechform Kreis, ø 3 cm

Ohrhänger

1 Mischen Sie ein kleines Stück FIMO® in Windsorblau in eine weiße Rippe und kneten Sie solange, bis ein hellblauer Farbton entsteht. Das hellblaue FIMO® nun zu einer 2–3 mm starken Platte ausrollen und zwei Kreise mit ø 3 cm ausstechen.

2 Aus jeweils einem Kreis eine Kugel formen, Kettelstifte mithilfe einer Zange auf 1 cm kürzen und als Befestigung in die Kugeln schieben. Damit die Kugeln für das Modellieren ihre Form behalten, insgesamt ca. 3 min bei 110 °C backen.

3 Für die Farnblätter etwas Tropischgrün in ca. ½ Rippe Weiß mischen und kneten, bis ein heller Grünton entsteht. Formen Sie daraus eine sehr dünne Schnur und schneiden Sie mit dem Schneidemesser ein ca. 3–4 mm langes Stück ab.

4 Auf jeder Kugel ca. vier Farnblätter mit jeweils fünf bis sechs Blattwedeln modellieren. Drücken Sie die Blattwedel vorsichtig fest und ziehen Sie mit einer Stecknadel durch jeden feine Linien.

5 Aus einem Rest Limone eine dünne Schnur rollen und mit dem Schneidemesser kleine Stücke abschneiden und zu einer Kugel rollen. An jedes Farnblatt sowie den Zwischenräumen zwei bis drei kleine Kugeln aneinanderdrücken.

6 Die beiden Kugeln nun für 30 min bei 110 °C backen und nach dem Abkühlen den Ohrhaken mit einem Biegering befestigen. Mit dem zweiten Ohrring verfahren Sie genau gleich.

Mein Tipp für Sie

Sehr schön wirkt dieses Modell auch mit einem pastelligen Rosa als Basis. Das abgebildete Modell entstand durch das Mischen von ½ Rippe FIMO® Weiß (0) mit einem Rest FIMO® Soft Purpur (61).

Kette

Für das Erstellen des Kettenanhängers verfahren Sie genauso wie bei den Ohrringen. Für die Basis stechen Sie einen Kreis mit ø 4 cm aus und bringen Sie nach dem Backen einen Biegering ø 5 mm für das Lederband an.

Mein Tipp für Sie

Erstellen sie aus dem Rest FIMO® in Hellblau zwei kleine Perlen mit einem Loch von ø 2 mm. Nach dem Backen auf die Enden des Lederbandes fädeln und verknoten.

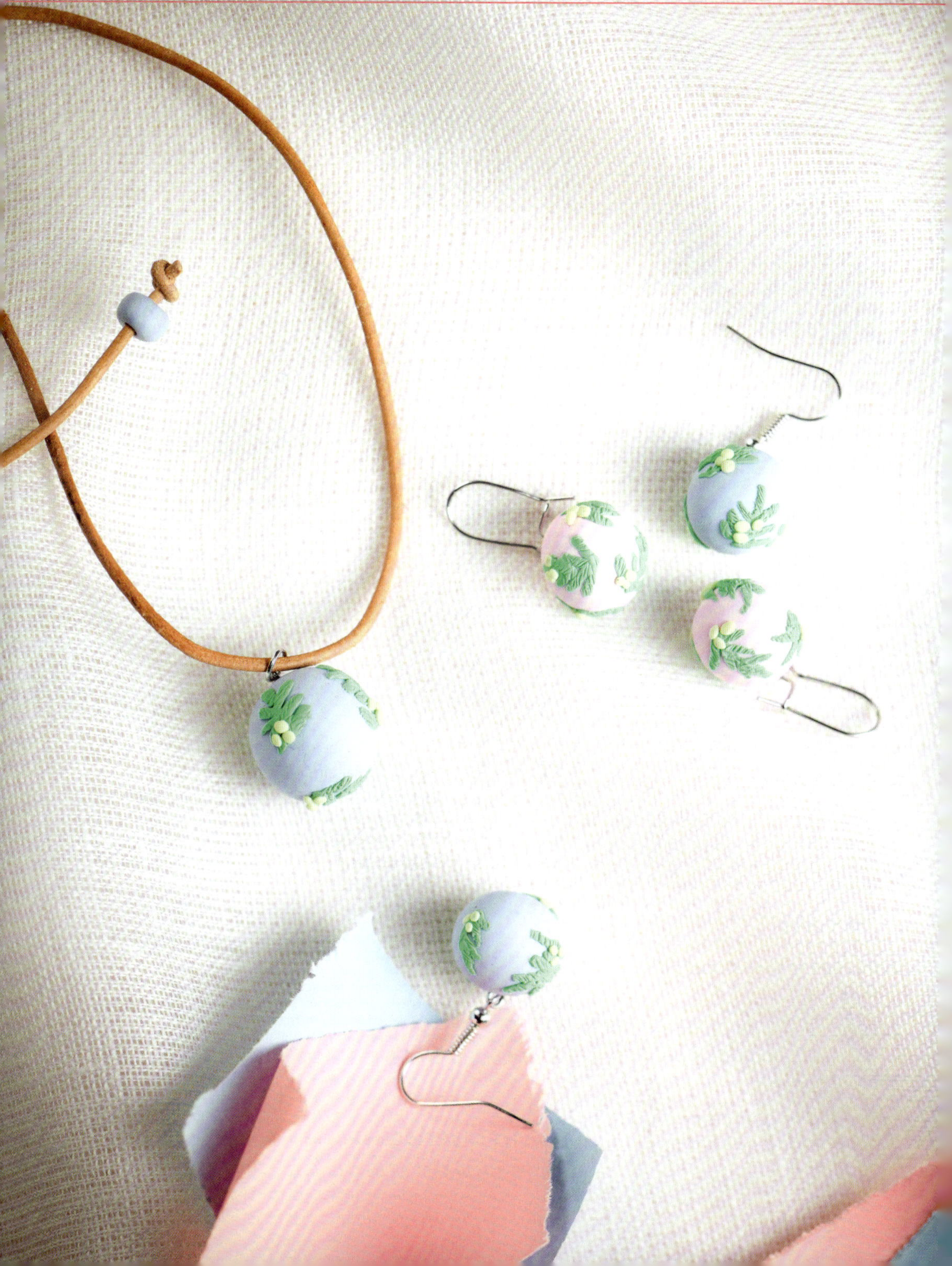

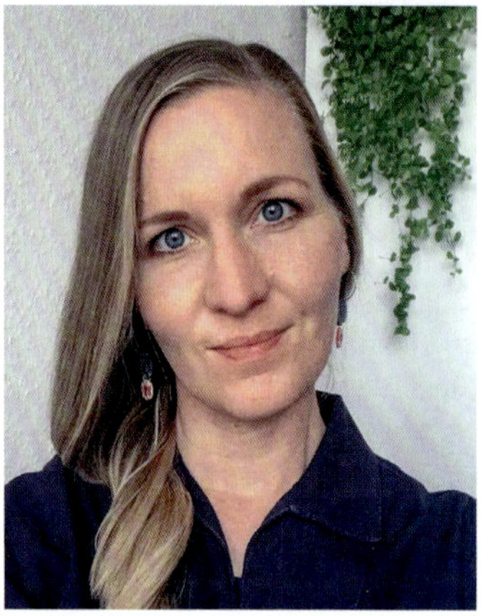

Tina Kurrle Seit April 2019 entstehen unter dem Label Max Raval einzigartige Schmuckstücke aus FIMO® in kleiner Auflage handgefertigt in meinem Arbeitszimmer in Ulm. Neben verschiedenen Märkten verkaufe ich seit diesem Jahr einzelne Modelle in meinem Etsy Shop.
Wenn ich nicht in meiner Freizeit Schmuck modelliere, nähe und zeichne ich gerne oder drucke meine eigenen Ausstecher aus dem 3D-Drucker.

instagram/maxraval_crafts
etsy.com/shop/MaxRavalCrafts

DANKE

Herzlichen Dank an Staedtler, Rayher und Butinette für die freundliche Unterstützung mit Materialien.

Der Freischaltcode für die Vorlagen in der Digitalen Bibliothek lautet 9990.

TOPP – Unsere Servicegarantie

WIR SIND FÜR SIE DA! Bei Fragen zu unserem umfangreichen Programm oder Anregungen freuen wir uns über Ihren Anruf oder Ihre Post. Loben Sie uns, aber scheuen Sie sich auch nicht, Ihre Kritik mitzuteilen – sie hilft uns, ständig besser zu werden.

Bei Fragen zu einzelnen Materialien oder Techniken wenden Sie sich bitte an unseren Kreativservice, Frau Erika Noll.
mail@kreativ-service.info
Telefon 0 50 52 / 91 18 58

Das Produktmanagement erreichen Sie unter:
pm@frechverlag.de
oder:
frechverlag
Produktmanagement
Turbinenstraße 7
70499 Stuttgart
Telefon 07 11 / 8 30 86 68

LERNEN SIE UNS BESSER KENNEN! Fragen Sie Ihren Hobbyfach- oder Buchhändler nach unserem kostenlosen Magazin **Meine kreative Welt.** Darin entdecken Sie zweimal im Jahr die neuesten Kreativtrends und interessantesten Buchneuheiten.

Oder besuchen Sie uns im Internet! Unter **www.topp-kreativ.de** können Sie sich über unser umfangreiches Buchprogramm informieren, unsere Autoren kennenlernen sowie aktuelle Highlights und neue Kreativtechniken entdecken, kurz – die ganze Welt der Kreativität.

Kreativ immer up to date sind Sie mit unserem monatlichen **Newsletter** mit den aktuellsten News aus dem frechverlag, Gratis-Bastelanleitungen und attraktiven Gewinnspielen.

IMPRESSUM

FOTOS: frechverlag GmbH, 70499 Stuttgart; lichtpunkt, Michael Ruder, Stuttgart; Tina Kurrle (alle Arbeitsschrittfotos)

PRODUKTMANAGEMENT UND LEKTORAT: Sonja Fakler

COVERGESTALTUNG: Tatjana Weiß

SATZ: Fotosatz H. Buck, Kumhausen

DRUCK UND BINDUNG: Tiskárna Grafico s.r.o., Tschechische Republik

1. Auflage 2021

ISBN 978-3-7724-4378-7 • Best.-Nr. 4378